RAPPORT

ENVOYÉ PAR M. V. GUÉRIN

A

M. LE MINISTRE DE L'INSTRUCTION PUBLIQUE

SUR

UNE NOUVELLE MISSION SCIENTIFIQUE

QU'IL VIENT D'ACCOMPLIR EN PALESTINE

PARIS

IMPRIMERIE F. LEVÉ

17, RUE CASSETTE, 17.

—

1884

RAPPORT

ENVOYÉ PAR M. V. GUÉRIN

A

M. LE MINISTRE DE L'INSTRUCTION PUBLIQUE

Sur une nouvelle mission scientifique qu'il vient
d'accomplir en Palestine

En mer, entre Alexandrie et l'île de Crète, ce 4 juin 1884.

Monsieur le ministre,

Je profite du calme momentané de la mer pour essayer de
rédiger, sur le navire qui me ramène en France et au milieu
du va-et-vient des passagers, le rapport que je dois à Votre
Excellence sur la mission scientifique que, le 18 janvier de cette
année, elle avait daigné me confier, à titre gratuit, pour Jérusalem. Cette mission avait pour but de faire une étude attentive
de la Ville-Sainte et d'y réunir les éléments d'une description
détaillée de cette cité célèbre. Depuis trente-deux ans déjà, la
Palestine avait été objet de mes investigations scientifiques, et,
grâce à l'aide de l'Etat, j'avais publié successivement, à l'Imprimerie Nationale, en sept volumes grand in-octavo, un
ouvrage intitulé : *Description géographique, historique et archéo-
logique de la Palestine.* Cet ouvrage résumait toutes les
recherches que j'avais faites à plusieurs reprises dans cette
contrée, en la visitant patiemment et méthodiquement, ville
par ville, village par village. Ensuite, j'avais publié, avec le
concours de la maison Plon, deux gros volumes grand in-quarto

sous le titre de : *La Terre-Sainte*. J'y avais décrit, avec de
nombreuses illustrations et plusieurs cartes, non seulement la
Palestine proprement dite, mais encore tous les pays qui l'avoi-
sinent et qui étaient en rapports continuels avec elle, tels que
le Liban, la Phénicie, Damas, l'Arabie Pétrée et l'Egypte. Dans
le premier tome de ce second ouvrage, j'avais consacré d'assez
longs développements à Jérusalem ; toutefois, j'étais loin d'avoir
abordé toutes les questions qui ont trait à l'histoire et à la
topographie de cette ville. Souvent détruite et rebâtie de fond
en comble, décrite en outre par d'innombrables pèlerins et
voyageurs qui ont parfois émis sur l'âge et sur l'emplacement
de ses monuments et de ses sanctuaires les opinions les plus
diverses, pour ne pas dire les plus contradictoires, elle présente une foule de problèmes dont la solution est chose fort
délicate et fort difficile. Jusqu'à présent, j'avais reculé devant
un pareil sujet, dans la crainte de n'être point assez préparé
pour le traiter convenablement. Mais, âgé maintenant de
soixante-trois ans, et après n'avoir laissé aucun des villages
de la Palestine, quelque petit qu'il fût, sans en parler avec
quelques détails, j'ai cru que le moment était venu de ne plus
différer davantage à entreprendre une description développée
de Jérusalem et à couronner par ce travail, qui s'impose en
quelque sorte à moi, mes ouvrages précédents. Pour cela et
avant de mettre la main à l'œuvre, j'ai voulu revoir une
dernière fois et d'une manière plus complète cette ville, que
j'avais déjà visitée en 1852, 1854, 1863, 1870 et 1875.

Je m'embarquai donc, le 25 janvier, pour Beyrouth par la
voie de Syrie, celle d'Egypte m'étant fermée, à cause du cho-
léra qui sévissait encore dans ce pays. Si, comme autrefois,
j'étais parti non seulement sous les auspices, mais encore avec
l'appui pécuniaire de l'Etat, je me proposais d'emmener avec
moi un architecte, qui aurait levé le plan des monuments que
j'allais étudier ; mais, réduit à mes ressources personnelles, je
dus me priver de cet utile concours. Quelques jours auparavant, l'un de mes vieux et fidèles amis, M. le marquis de Maupas,
avec qui j'avais jadis parcouru toute l'Egypte, ayant été prévenu

de mon départ, s'était empressé d'envoyer à Marseille son jeune fils, qui venait d'achever son volontariat et qui désirait vivement m'accompagner en Orient. Nous montâmes par conséquent ensemble à bord du même paquebot et je le ramène maintenant en France, heureux d'avoir accompli son voyage. Chemin faisant, pendant les quinze jours que dura notre traversée, je jetai un coup d'œil sur quelques-uns des établissements de charité et d'éducation fondés au nom de la France et patronnés par elle dans les Echelles du Levant où nous fîmes escale et où il me fut possible de débarquer, car la mer fut presque constamment si mauvaise que, dans plusieurs endroits, je dus renoncer à aller à terre.

A Smyrne, je visitai en détail le collège des Lazaristes et celui des Frères des Ecoles chrétiennes, que je connaissais, du reste, depuis longtemps. Ils sont l'un et l'autre très florissants et le nombre des élèves qui s'y pressent est de plus en plus considérable ; mais, faute d'un local plus vaste, les directeurs, malgré leur zèle, sont contraints de refuser beaucoup de ceux qu'on leur présente. Il en est de même pour les Sœurs de la Charité, dont les diverses maisons sont toutes insuffisantes à contenir les filles qui viennent, par centaines, chercher auprès d'elles le précieux bienfait d'une solide éducation, les orphelins et les orphelines qui leur demandent un asile, les malades et les pauvres qui assiègent sans cesse leur hôpital et leur dispensaire.

Smyrne s'embellit et s'accroît d'année en année ; elle est maintenant, sous l'heureux climat de l'Ionie, la reine et la véritable capitale de l'Asie-Mineure. Il est donc à souhaiter que nos établissements français s'y développent de plus en plus. Or, parmi ces établissements, les plus importants, sans contredit, sont ceux qui propagent notre langue, nos idées et notre civilisation, et qui sont pour nos consuls les meilleurs points d'appui sur lesquels ils puissent asseoir le prestige de leur autorité.

A Alexandrette, j'ai trouvé une école de garçons très bien tenue par un R. P. Carme, qui s'est empressé de me montrer les devoirs de ses élèves, lesquels apprennent tous le français.

Dans un local voisin est une école de filles, sous la direction d'une jeune maîtresse élevée par les Sœurs de Tripoli.

A Latakieh et à Tripoli, l'état de la mer ne me permit pas de débarquer. Il me fut donc impossible de visiter, dans cette dernière ville, l'établissement des Lazaristes et celui des Sœurs de la Charité, que j'avais d'ailleurs examinés avec soin dans des voyages antérieurs.

La Sœur Ramel est, à juste titre, profondément estimée à Tripoli, où depuis longtemps déjà elle administre avec de faibles ressources une école, un dispensaire et une filature destinée aux jeunes filles indigentes.

Nous quittâmes, M. de Maupas et moi, notre paquebot à Beyrouth, dans la crainte de ne pouvoir pas débarquer à Jaffa, dont la rade est détestable en hiver et le port souvent inabordable. La mer, en effet, était affreuse et ne paraissait pas devoir se calmer de si tôt.

Beyrouth est devenu depuis les événements de 1860 une ville très considérable et prend d'année en année de nouveaux accroissements. Loin de se tenir renfermée dans son ancienne enceinte, cette cité déborde maintenant de toutes parts bien au-delà du périmètre des vieux remparts qui l'enserraient jadis et qui sont aux trois quarts démolis. En même temps qu'elle s'étend toujours davantage le long de la mer, elle s'élève de plus en plus sur les gracieuses collines qui naguère encore la dominaient et qui actuellement sont comprises dans le vaste espace qu'elle occupe.

Parmi les établissements d'instruction et de charité qu'elle possède et qui sont patronnés officiellement par la France, celui des Lazaristes s'est bien agrandi depuis 1863.

L'établissement des sœurs de la Charité, contigu au précédent, contient à la fois un orphelinat, un pensionnat, des classes d'externes, le tout renfermant plus de sept cents élèves; un hôpital et un dispensaire.

Il est dirigé depuis trente-neuf ans par la Sœur Gélas, dont le nom est justement vénéré par tous ceux qui ont pu apprécier son immense amour du bien, son dévouement à toute épreuve et la droiture de son jugement. L'hôpital actuel est devenu tout à fait insuffisant et on est en train d'en construire un autre dans une position plus salubre.

Un troisième établissement, de fondation plus récente, mais déjà très prospère, est celui des Dames de Nazareth. Conçu sur un plan très élégant et exécuté dans de vastes proportions, il est situé sur un plateau qui commande toute la ville et d'où l'on jouit d'une vue magnifique sur la mer et sur le Liban. Dans cette maison, l'éducation la plus complète et la plus soignée est donnée aux jeunes filles des premières familles de la Syrie par des religieuses fort instruites, que dirige une supérieure des plus capables.

Les Sœurs de Saint-Joseph de l'Apparition rivalisent également de zèle avec les Sœurs de la Charité et les Dames de Nazareth, en concourant au soin des malades et à l'éducation de l'enfance. Un dernier établissement efface tous les autres en grandeur: c'est celui des Pères Jésuites. Pour lutter avec plus de succès à Beyrouth contre l'influence protestante, essentiellement hostile à la France et qui va sans cesse grandissant, secondée qu'elle est à la fois par l'Angleterre, par l'Amérique et par la Prusse, ils ont transféré leur collège de Ghazir dans cette ville, et sur un emplacement fort bien choisi ils ont élevé, dans des proportions réellement monumentales, un lycée et un séminaire. Tout y a été distribué intérieurement avec un art des plus intelligents. Une imprimerie très importante y est attachée et une école de médecine vient d'y être adjointe.

Deux autres collèges catholiques se trouvent également à Beyrouth et méritent d'être signalés avec éloge: l'un est le collège Maronite et l'autre celui des Grecs-Unis.

Les écoles primaires de cette ville sont nombreuses. Néanmoins, je suis convaincu qu'il y aurait encore place pour une école tenue par des Frères, qui servirait comme de modèle à toutes les autres et qui contribuerait singulièrement à répandre parmi les enfants du peuple la connaissance de la langue française.

Avant de quitter Beyrouth, je me transportai à Antoura. Le

grand établissement des Lazaristes. qui fait la gloire de ce village, et celui des Sœurs de la Charité dans le village voisin de Zouk-Mikaïl, m'ont paru l'un et l'autre très florissants et administrés avec un ordre parfait.

De Beyrouth, je m'acheminai par terre, à cheval, avec mon jeune compagnon, vers Jaffa. Je dépasserais beaucoup trop les limites d'un simple rapport si j'entreprenais, Monsieur le ministre, de vous décrire ici, même sommairement, les villes et les principaux villages que nous traversâmes avant d'atteindre le but où nous tendions. D'ailleurs, dans mon ouvrage en sept volumes sur la Palestine j'ai donné sur chacune de ces localités des détails très développés. Je me bornerai à dire un mot à Votre Excellence des écoles françaises que j'ai visitées sur ma route.

A Saïda, l'antique Sidon, les Sœurs de Saint-Joseph de l'Apparition entretiennent depuis longtemps avec un dévouement qui ne s'est jamais démenti une assez nombreuse école de jeunes filles ; elles donnent en même temps des conseils ou des médicaments gratuits à tous les malades qui viennent les consulter. Les Pères Jésuites, de leur côté, dirigent une école de garçons dont le chiffre dépasse cent vingt-cinq et qui tous apprennent le français.

A Sour ou Tyr, quatre Sœurs de Saint-Joseph de l'Apparition ont remplacé depuis un an et demi les Mariamettes ; elles comptent cent trente enfants et auraient bien besoin qu'on vînt à leur aide, car elles m'ont paru très pauvres et tout à fait dignes d'être encouragées dans leurs efforts et secourues dans leur indigence.

A Saint-Jean d'Acre, j'ai examiné deux écoles, l'une de garçons, l'autre de jeunes filles. Cette dernière maison, que fréquentent deux cents enfants, est administrée par des Dames de Nazareth d'une capacité éprouvée, qui s'occupent en même temps des pauvres et des malades.

A Kaïpha, un autre établissement tenu par des religieuses du même ordre est également très florissant et rend depuis longtemps les plus grands services. Il est sous la direction d'une femme aussi éminente par l'esprit que par le cœur, Mme de Vaux, qui serait apte assurément à occuper avec honneur un poste beaucoup plus important. Dans la même ville une école de garçons a été inaugurée par les Frères, le 1er août 1883, et le chiffre des enfants qui la remplissent est très considérable. Appartenant à tous les rites, il commencent déjà, en apprenant le français, à aimer et à bénir la France, à laquelle ils doivent des maîtres si dévoués.

Comme, depuis notre départ de Beyrouth, nous avions été souvent assaillis par des pluies torrentielles et par [d'affreux coups de vent, les révérends Pères du Mont-Carmel nous offrirent avec le plus cordial empressement l'hospitalité dans leur beau couvent. J'acceptai d'autant plus volontiers leur offre obligeante que je craignais que la persistance d'un tel mauvais temps et sur mer et sur terre n'influât sur la santé du jeune compagnon que la tendresse d'un père avait confié à ma sollicitude. Après trois jours de repos au Carmel, le ciel semblant s'être rasséréné un peu, nous remontâmes à cheval et nous poursuivîmes notre route le long de la côte. Mais à peine avions-nous dépassé Atlith, le Castellum Peregrinorum de l'époque des croisades, que de gros nuages sombres commencèrent à se montrer de nouveau au-dessus de nos têtes. Bientôt un vent d'une violence extrême se mit à souffler, et ensuite un véritable déluge de pluie, puis de grêle, fondit sur nous. Aucun abri ne se présentait au loin à notre vue. A notre droite, les vagues de la mer se brisaient avec fureur sur le rivage et couvraient sans cesse de leur blanche écume les pieds de nos chevaux, qu'effrayait leur fracas assourdissant ; à notre gauche, ondulaient des dunes dont la tourmente semblait agiter convulsivement le sable qui tourbillonnait autour de nous. Dans de pareilles circonstances et quand tous les éléments paraissaient conjurés pour nous perdre, il n'y avait qu'un seul parti à prendre : c'était celui de nous remettre à la bonté de la Providence et de nous tenir fortement en selle, afin de n'être pas jetés à bas de nos montures, qui étaient visiblement effarées.

Vers midi, la tourmente s'apaisa un peu et à deux heures

nous atteignîmes Tantoura, village arabe qui a remplacé l'antique ville phénicienne de Dora, dont j'ai décrit autrefois les ruines.

Le lendemain matin, nous continuâmes à cheminer le long du rivage, toujours harcelés par de fréquentes averses, qui contribuèrent encore à grossir plusieurs petites rivières dépourvues de pont que nous ne franchîmes à gué qu'avec beaucoup de difficulté, nos chevaux ayant de l'eau jusqu'au haut du poitrail et risquant parfois d'être entraînés à la dérive, tant le cours de ces torrents, qui en été sont d'ordinaire presque à sec, était alors impétueux.

Le surlendemain enfin, à la nuit tombante, nous eûmes le bonheur de parvenir à Jaffa, après une journée plus pénible encore que les précédentes, car la pluie avait constamment alterné avec la grêle, pour ne nous laisser aucun répit. Les routes étaient partout défoncées et les plaines transformées en marais. Nos chevaux trébuchaient à chaque pas sur un terrain fangeux et glissant et frissonnaient d'épouvante, toutes les fois qu'ils sentaient le sol se dérober sous leurs pieds. Nous ne nous crûmes sauvés que lorsque, couverts d'eau et de boue, nous pûmes frapper à la porte hospitalière du couvent des PP. Franciscains.

A Jaffa, deux écoles méritent une attention toute particulière : l'une, déjà ancienne, est celle des Sœurs de Saint-Joseph, dont la supérieure, la sœur Sylvie, d'une énergie égale à sa bonté, jouit depuis de longues années en Palestine de l'estime générale ; l'autre, qui est de date beaucoup plus récente, est celle des Frères. Ces deux établissements également prospères, grâce au dévouement des maîtresses et des maîtres qui les dirigent, auraient besoin de s'agrandir, la population de Jaffa s'accroissant de plus en plus et la ville ayant presque doublé d'étendue depuis 1852. Les Sœurs de Saint-Joseph administrent en même temps un assez vaste hôpital non encore achevé et dû à la munificence d'un généreux et riche négociant de Lyon, M. Guinet.

En arrivant, deux jours après, dans la Ville-Sainte, je trouvai chez M. Destrées, consul de France, la même bienveillance que j'avais rencontrée, il y a trente-deux ans, auprès de

M. Botta, puis auprès de M. de Barrère et de tous les autres consuls français que j'avais connus successivement à Jérusalem. Grâce à sa haute intervention, je pus tout voir et tout étudier. Son chancelier, M. Bertrand, et les autres attachés du consulat se sont pareillement montrés remplis de prévenances pour mon jeune compagnon et pour moi. Quant à Sa Grandeur, Mgr Bracco, le digne et pieux patriarche latin ; au Révérendissime Père custode de Terre-Sainte et à ses excellents religieux ; au R. P. Marie Ratisbonne, aux Frères des Ecoles chrétiennes et à tous les couvents catholiques et français de Jérusalem, ils m'accueillirent comme un vieil ami, profondément attaché à leurs intérêts, parce que ces intérêts se confondent avec ceux de la religion et de la France.

A Jérusalem, en effet, vous le savez parfaitement bien, monsieur le ministre, l'influence tant de fois séculaire de notre nation tient à ce qu'elle s'est identifiée depuis longtemps avec la cause de la religion catholique, dont elle est la protectrice officielle. Son rôle politique converge vers ce but unique. Aussi, en retour de cette haute et sublime mission que nous n'avons jamais répudiée à aucune époque de notre histoire, le consul de France est-il le seul qui ait le droit de paraître aux cérémonies du Saint-Sépulcre avec l'épée au côté et tous les insignes de sa dignité ; les autres consuls catholiques d'Autriche, d'Italie et d'Espagne, n'y peuvent assister que comme de simples particuliers. L'abandon de ce privilège et des devoirs qu'il impose entraînerait immédiatement pour la France celui de son prestige et de sa prépondérance dans une contrée où la religion et la politique, ailleurs séparées, se réunissent et s'embrassent étroitement. D'autres puissances, en effet, se hâteraient de s'emparer du poste que nous aurions déserté, et c'en serait fait alors pour toujours de notre suprématie dans tout l'Orient, dont Jérusalem est la véritable capitale religieuse. Mais, grâce à Dieu, une pareille éventualité n'est point à redouter encore en ce moment, et tous nos consuls dans la Ville-Sainte se sont tour à tour appliqués à remplir fidèlement leur mandat et à ne pas trahir la cause sacrée qu'ils devaient défendre. Une semblable cité, d'une importance si grande, méritait donc de ma part une étude toute spéciale. Aussi pendant trois mois consécutifs je l'ai parcourue avec soin, rue par rue, quartier par quartier. J'ai vu et revu les mêmes sanctuaires, recueillant partout les renseignements qui pouvaient m'éclairer et m'efforçant de débrouiller de mon mieux le chaos, quelquefois confus, des traditions que l'on y foule à chaque pas et qui y surgissent, en quelque sorte, du sol de toutes parts.

Il m'est impossible, Monsieur le ministre, dans ce rapport, nécessairement très incomplet et très court, de vous donner un aperçu, même succinct, des recherches qui ont absorbé tout mon temps du matin au soir. Il me faudrait pour cela composer tout un volume. Dès que je serai de retour à Paris, auprès de ma famille, je rédigerai toutes mes notes, je compulserai les divers ouvrages qu'il me reste à consulter et j'aurai l'honneur plus tard d'offrir à Votre Excellence un exemplaire du volume que j'ai l'intention de publier sur Jérusalem. Aujourd'hui, je me contente de vous transmettre quelques renseignements sur les principaux établissements français de la Ville-Sainte. Je signalerai d'abord à votre attention celui des Sœurs de Saint-Joseph de l'Apparition. Il date de 1848 et se compose d'un asile, d'un externat et d'un orphelinat. Toutes les élèves, petites et grandes, apprennent le français avec une facilité merveilleuse et chérissent leurs maîtresses, dont elles ne pourront jamais assez reconnaître les inappréciables services. Simples et modestes, en effet, les Sœurs de Saint-Joseph m'ont paru posséder un cœur d'or, à commencer par leur digne supérieure, la sœur Germaine, que tout le monde aime et vénère, musulmans comme catholiques. La maison, ou plutôt les différentes petites maisons arabes qu'elles occupent et qui ont été tant bien que mal accolées ensemble sont malheureusement très incommodes au point de vue de la discipline, du coucher, du travail et des récréations, et il serait fort à désirer qu'elles pussent trouver un autre local plus vaste et mieux distribué. Le nombre de leurs enfants, déjà considérable, augmenterait encore certainement.

Ces mêmes Sœurs desservent, en dehors de la ville, l'hôpital, dit de Saint-Louis, dû à la générosité de M. le comte Piellat et que dirige avec beaucoup de zèle et de science un médecin français, le docteur Sabadini.

L'établissement des Dames de Sion, autrement dit de l'*Ecce Homo*, est l'une des créations les plus admirables du R. P. Marie-Alphonse Ratisbonne, de si sainte et de si regrettable mémoire. Fondée en 1859, cette maison ferait honneur à un gouvernement ; elle est l'œuvre d'un simple prêtre, mais d'un prêtre d'une rare intelligence et qui savait mettre au service du bien l'habileté singulière dont il était doué. Vaste et aussi bien distribuée que le terrain l'a permis, elle renferme une trentaine de religieuses vouées à l'éducation de l'enfance et de la jeunesse et à l'exercice de la charité envers les malades et les pauvres. Les élèves se composent de trois catégories. La première consiste en quatre-vingts orphelines indigènes internes, la plupart catholiques, toutes gratuitement entretenues. Outre l'arabe, leur langue maternelle, elles étudient avec soin le français ; on les applique tour à tour à toutes les fonctions du ménage et à toutes sortes de travaux à l'aiguille, pour lesquels elles montrent une étonnante aptitude.

Une seconde division ne contient que des jeunes filles musulmanes ou israélites, externes. La troisième, ou le pensionnat payant, compte vingt-cinq jeunes filles. Dans cette division, comme de juste, l'éducation est plus soignée et plus relevée que dans les deux précédentes ; elle comprend l'étude des langues les plus diverses, celle de l'histoire, de la géographie, de l'arithmétique, du style, de la musique, du dessin, de la peinture, de la broderie. La supérieure actuelle des Dames de Sion, la sœur Eléonore, est une femme des plus distinguées par la culture de l'esprit et par les dons du cœur. Chargée depuis de longues années déjà de la direction de cette maison importante, elle était toujours consultée, à cause de la rectitude et de la finesse de son jugement, par le Père Marie-Alphonse Ratisbonne, et maintenant qu'il n'est plus, elle saura, je n'en doute pas, bien que privée d'un tel appui, continuer à faire prospérer l'établissement dont elle est l'âme.

A Saint-Jean-in-Montana, à 1 heure 1[2 de Jérusalem, s'élève une maison succursale de celle de l'*Ecce-Homo*. Une douzaine de Sœurs et une cinquantaine d'orphelines chrétiennes suivent le même règlement que celles qui habitent la Cité Sainte. Une Sœur est chargée spécialement de l'école de la paroisse. C'est dans ce couvent, fondé il y a une vingtaine d'années par le R. P. Marie-Alphonse Ratisbonne, au milieu d'un désert transformé par lui en une charmante oasis, qu'il a succombé le 6 mai dernier. Il s'est éteint doucement, après une courte et foudroyante maladie, en présence de ses religieuses éplorées, le regard tourné vers l'éternelle patrie où l'avait devancé quelques mois auparavant son frère aîné, le R. P. Théodore.

Rien ne saurait dépeindre la douleur et la désolation qui éclatèrent à Jérusalem, lorsque retentit soudain dans cette ville la terrible nouvelle de cette perte inattendue. C'était, en effet, une calamité publique que la disparition d'un tel homme de bien. Père de tous ceux qui souffraient, des petits, des orphelins, des déshérités de la fortune, il est mort pauvre, après avoir recueilli des millions pour la fondation des grandes œuvres qu'il a entreprises. Ami depuis de longues années de ce digne prêtre, témoin de tout ce qu'il a fait et créé, je ne puis m'empêcher de saluer ici avec le plus profond respect, la sympathie la plus vive et les regrets les plus amers, la mémoire de ce missionnaire incomparable, qui, juif converti, s'était épris d'un saint amour pour ses frères égarés et aspirait à leur communiquer la lumière de l'Evangile, qui l'éclairait lui-même dans la ville où le Christ avait été jadis condamné à mort par leurs pères et par les siens.

Vingt minutes au nord-ouest de Jérusalem, l'établissement de Saint-Pierre, autre création du Père Ratisbonne, est une école de garçons qui a été conçue sur un plan très vaste et qui est digne d'être mentionnée à tous les titres. Les bâtiments en sont considérables et ne manquent pas d'élégance dans leur sévère grandeur. Une seconde aile reste encore à construire. Les enfants qui fréquentent cette école pour y apprendre différents métiers parlent tous le français. J'aime à penser que cet établissement important, qui est appelé à rendre de très grands services,ne souffrira pas trop de la mort de son fondateur ; mais comme il est encore en voie de formation et n'a pas eu le temps de prendre les accroissements qu'il doit avoir un jour, je le recommande instamment comme une œuvre des plus utiles à la sollicitude éclairée du gouvernement français.

Les Frères des Ecoles chrétiennes ont, eux aussi, ouvert dans Jérusalem même, depuis le 15 octobre 1878, un magnifique établissement. Cette école, attendue impatiemment, était appelée par les vœux du clergé et de la population.C'est le Frère Evagre qui a dirigé en personne tous les travaux avec beaucoup d'intelligence et sans se laisser décourager par aucune difficulté. Il a su conserver fidèlement, à ma recommandation, dans les nouvelles constructions qui l'englobent, les débris de l'ancienne tour Pséphina, dont il est plusieurs fois fait mention lors du siège de Jérusalem par Titus et qui est un point de repère très important dans la question si controversée des trois enceintes de la ville. Le 14 octobre 1878, Mgr Bracco, patriarche latin, entouré du consul de France qui était alors M. Patrimonio ; du Révérendissime Père custode de Terre Sainte et d'un grand nombre de notabilités, vint bénir solennellement la chapelle et l'établissement tout entier. Dès le lendemain de cette consécration, une foule d'enfants accoururent se presser autour de leurs nouveaux maîtres. Ces enfants sont les uns Latins, les autres Grecs et Arméniens non-unis, auxquels il faut ajouter quelques musulmans et plusieurs Juifs. Une douce et en même temps ferme direction maintient tout ce petit peuple si divers de langues, de nationalités et de croyances dans l'amour de l'ordre, du travail et de l'obéissance. Pendant mon séjour de trois mois à Jérusalem, j'ai été plusieurs fois visiter en détail cet établissement,et j'ai toujours admiré la tenue parfaite des enfants, tenue qui résulte de l'excellente discipline à laquelle ils sont soumis ; tous parlent très couramment le français. Le Frère Evagre, qui depuis l'origine de cette maison, dont il a été le constructeur,a continué à la gouverner avec une rare habileté, a bien mérité de son Institut et de la France, qu'il sait faire aimer et respecter et à laquelle il prépare une génération dévouée.

A une autre extrémité de la ville, s'élève le bel établissement de Sainte-Anne. Le sanctuaire connu sous ce nom et qui recouvre, près de la piscine Probatique, la maison de saint Joachim et de sainte Anne, a été, comme tout le monde le sait, cédé à la France par le gouvernement ottoman, comme prix du secours qu'il avait reçu de nos armes lors de la guerre de Crimée. Il était alors dans un état de délabrement déplorable. Le gouvernement français en entreprit la restauration complète et chargea de ce soin un habile architecte, M. Mauss, qui s'acquitta de sa tâche avec un art remarquable. Cet auguste sanctuaire a été confié en 1878, par le Saint-Siège et par la France, à la Société des missionnaires d'Alger, fondée et dirigée par Son Eminence le cardinal Lavigerie, archevêque d'Alger et de Tunis. Sur le vœu du Souverain Pontife Léon XIII, les missionnaires ont annexé à la basilique un séminaire pour la formation de maîtres catholiques appartenant au clergé grec-uni. Le directeur de cette maison, qui doit bientôt s'agrandir, est le R. P. Toulotte, jeune encore, mais déjà d'une science consommée. Très versé dans les saintes Ecritures et dans l'étude des langues orientales, ce religieux est aussi modeste que savant. C'est un véritable Bénédictin des plus instruits, sous la robe blanche des missionnaires d'Afrique.

Ces différents établissements français vivent en bonne harmonie avec le patriarcat latin et avec la custodie de Terre-Sainte. Le patriarche latin, Mgr Bracco, est d'ailleurs d'une grande piété et d'une inaltérable douceur de caractère. Humble dans sa haute dignité, il est animé d'un profond esprit de paix et de conciliation, et bien qu'Italien, il sait rendre justice à la France pour la protection dont elle l'entoure. Il m'a constamment témoigné la plus délicate bienveillance, ainsi que le R. P. Guido, le Révérendissime actuel, qui lui aussi occupe dignement le poste élevé où les suffrages de ses confrères l'ont fait parvenir. Sous son administration active et féconde, les Pères Franciscains bâtissent une nouvelle et belle église, pour remplacer l'ancienne paroisse de Saint-Sauveur, qui était tout à fait insuffisante pour les besoins du culte. Toujours hospitaliers envers les pèlerins latins, ils sont la providence d'une foule de pauvres auxquels ils fournissent le pain de chaque jour; ils entretiennent également un orphelinat que dirige l'un d'entre eux, Belge d'origine et d'un esprit très distingué, le Père Dominique. C'est grâce aux Franciscains, il faut le reconnaître hautement, parce que c'est la vérité, que la catholicité a conservé les sanctuaires qu'elle possède encore maintenant en Palestine et dont la France est la protectrice officielle. Seuls pendant plusieurs siècles, ils ont, au milieu de mille avanies et souvent au prix de leur vie, fait la garde autour du Saint-Sépulcre, qu'on voulait sans cesse leur enlever. Sans eux, notre protectorat n'aurait plus ni objet, ni but; car, sans leurs courageux efforts et leur indomptable dévouement, nos consuls n'auraient plus rien à protéger, ni à Jérusalem, ni à Bethléem, ni à Nazareth, ni nulle part ailleurs en Palestine. Rétabli de nos jours par le pape Pie IX à Jérusalem, le patriarcat latin a, depuis sa restauration, contribué singulièrement, d'un autre côté, à imprimer un nouvel élan à toutes les œuvres catholiques en Terre-Sainte, en fondant un séminaire, une cathédrale, des églises et des missions.

Je ne veux pas oublier, monsieur le Ministre, avant de quitter Jérusalem, de signaler à Votre Excellence un autre couvent français qui avoisine le sommet de la montagne des Oliviers; c'est celui des Carmélites, fondé par la princesse de La Tour-d'Auvergne et que l'on est en train d'agrandir en ce moment. Il renferme dans son enceinte deux sanctuaires très précieux : l'un consacre le souvenir de l'endroit où Notre-Seigneur passe pour avoir enseigné le *Pater noster* à ses disciples, et l'autre a été construit sur l'emplacement traditionnel du lieu où les Apôtres se seraient réunis pour composer le *Credo*. Là, quatorze religieuses prient nuit et jour pour le triomphe dela religion et pour la prospérité de la France sur la montagne mê   es deux plus augustes prières que répète le monde chrétien tout entier ont été pour la première fois formulées aux hommes.

A Bethléem, une autre noble Française, Mlle de Saint-Cricq-Dartigaut, vient de fonder également un couvent de Carmélites, où elle habite elle-même, faisant revivre en sa personne les vertus des Paule et des Eustochie. Grâce à sa munificence, s'élève dans la même ville un magnifique établissement pour les RR. PP. de Betharam. Les travaux en sont dirigés par le capitaine Guillemot, habile architecte, qui depuis une douzaine d'années met de la manière la plus désintéressée son talent et son art au service de plusieurs congrégations religieuses de la Palestine. J'indique à Votre Excellence ces différentes créations de couvents, parce qu'elles concourent toutes à augmenter l'influence de la France en Orient.

Je prends la liberté d'appeler pareillement votre attention sur des fouilles d'un grand intérêt qui ont été pratiquées sous mes yeux à Jérusalem par le R. Père Matthieu Lecomte, de l'ordre des Dominicains. Ce religieux a découvert, non loin et en dehors de la porte de Damas, plusieurs gros tronçons de colonnes monolithes et trois grands fragments d'une immense mosaïque qui, par les croix qu'on y remarque, offrent un caractère évidemment chrétien et paraissent avoir appartenu à la superbe basilique érigée jadis par Eudoxie en l'honneur de saint Etienne. De là lui est venue la pensée de relever, dans des dimensions naturellement beaucoup plus modestes, le sanctuaire de ce premier confesseur de la foi et de bâtir un monastère alentour. Je joins mes vœux à ceux des amis de cet éloquent Dominicain, prédicateur des plus distingués, pour la réussite de son projet. Si un couvent de son ordre s'établissait à Jérusalem, j'y verrais un nouvel et puissant auxiliaire de plus pour l'influence catholique et française. Il est urgent, en effet, de réagir contre les autres influences, de jour en jour grandissantes, qui cherchent à amoindrir et à supplanter celle-là. Je crois donc, Monsieur le ministre, que si notre gouvernement pouvait seconder cette entreprise, il agirait dans les véritables intérêts de la France et conformément à sa politique traditionnelle en Orient.

Après avoir achevé dans la Ville-Sainte les recherches qui m'y avaient retenu pendant trois mois, je repris avec le jeune comte de Maupas le chemin de Jaffa. Chemin faisant, je visitai à Kiriet-el-Enab l'ancienne église, dite de Saint-Jérémie, qui a été concédée à la France par la Sublime-Porte. Malheureusement, elle est toujours inoccupée et elle aurait besoin de réparations assez pressantes, car une partie de ses voûtes sur plusieurs points menace ruine, ce qui entraînera plus tard des dépenses beaucoup plus considérables quand on voudra les restaurer.

Un peu plus loin, à Amouas, j'examinai avec le capitaine Guillemot les ruines d'une ancienne basilique qu'il a fouillées au nom de Mlle de Saint-Cricq Dartigaut et qui paraît remonter, au moins quant à son abside, jusqu'au Ve ou au VIe siècle de l'ère chrétienne. Elle a été remaniée ensuite par les Croisés, qui l'ont rapetissée en longueur et en largeur, en ne conservant que la grande nef centrale raccourcie de plusieurs mètres. Elle avait été bâtie avec de belles pierres de taille parfaitement appareillées.. J'ai déjà montré autrefois qu'Amouas, l'Emmaüs-Nicopolis des anciens, est pour Eusèbe, pour saint Jérôme, pour Sozomène, pour Théophane et pour d'autres, d'après les divers textes que j'ai cités de ces auteurs, l'Emmaüs de saint Luc, laquelle, dans plusieurs manuscrits grecs de cet évangéliste et notamment dans le codex Cyprius, le codex Vindobonensis et le codex Sinaïticus, regardé comme le plus ancien de tous, est marquée non pas à soixante, mais à cent soixante stades de Jérusalem, distance qui s'accorde très bien avec la position d'Amouas qui est à six heures de marche de la Ville-Sainte. D'autres auteurs, plus modernes, conformément à la Vulgate, qui a adopté le chiffre de soixante stades comme étant l'intervalle qui séparait Emmaüs de Jérusalem, placent cette localité à Koubeibeh, et c'est là que les RR. PP. Franciscains, il y a une vingtaine d'années, grâce à un don généreux de Mlle de Nicolaï, morte depuis en odeur de sainteté, ont élevé un couvent, avec un sanctuaire qu'ils appellent Emmaüs. En 1880, j'émettais le vœu suivant à la fin d'un chapitre relatif à cette question et inséré dans le premier tome de mon ouvrage sur la Galilée : « Il serait à désirer que les ruines de l'antique église d'Amouas, de même que celles de l'église de Koubeibeh, fussent, les premières comme les secondes, soustraites aux profanations des Arabes et préservées de la destruction totale qui les menace. Si les Pères Franciscains de Ramleh, par exemple, qui sont peu éloignés d'Amouas, ou si quelque autre communauté chrétienne faisait l'acquisition de ces ruines vénérables, les chrétiens seraient sûrs, en possédant à la fois les débris de ces deux belles églises, d'avoir entre leurs mains le véritable sanctuaire d'Emmaüs, qui ne peut être que l'un de ces deux endroits et où Notre-Seigneur, le jour même de sa Résurrection, rompit le pain dans la maison de Cléophas, transformée plus tard en église. »

Mlle de Saint-Cricq-Dartigaut s'est chargée de réaliser mon vœu, et elle a l'intention, quand le capitaine Guillemot aura achevé de déblayer les restes de la basilique d'Amouas, de faire construire à côté, par les soins de cet architecte, un couvent de Carmélites françaises.

A El-Medieh, où je me dirigeai ensuite et dont les ruines sont celles de l'antique Modin, patrie des Machabées, je constatai avec douleur que le mausolée monumental de cette famille célèbre, découvert et fouillé par moi en 1870, n'offre plus actuellement qu'un amas presque informe de débris. Plusieurs des chambres sépulcrales que j'avais signalées sont détruites. Déjà, en 1875, je n'avais plus retrouvé les dix fûts de colonnes monolithes que j'avais observés cinq ans auparavant et qui constituaient les restes du beau portique, orné de colonnes, mentionné par la Bible et par l'historien Josèphe comme entourant ce monument. Ces fûts mutilés avaient été transportés à Lydda. C'est dans la même ville que depuis ont été vendues, comme matériaux de construction, les trois dalles sur lesquelles j'avais remarqué les encastrements des pyramides qui les surmontaient autrefois, ainsi que la plupart des pierres de taille qui formaient les assises inférieures de ce long édifice rectangulaire, divisé en plusieurs chambres funéraires parallèles. Le capitaine Guillemot, qui m'avait accompagné à El-Medieh, rien qu'à l'inspection du ciment qui liait les pierres entre elles dans les vestiges encore subsistants de ce mausolée, me déclara, comme architecte, qu'à son avis il était bien judaïque et contemporain de l'époque que je lui avais assignée, et que, par conséquent, mon attribution, en tenant compte de tous les éléments que j'avais constatés en 1870 et que M. Mauss, architecte du gouvernement français, avait constatés après moi, lui paraissait des plus légitimes.

Le 30 mai, je me réembarquai à Jaffa avec M. de Maupas pour la France.

Le 31, nous débarquâmes quelques heures à Port-Saïd. En parcourant cette ville, qui contient déjà 15,000 habitants et qui doit sa création, entre la mer et le lac Menzaleh, au génie entreprenant de M. de Lesseps, je visitai les deux principales écoles qu'elle renferme : celle des garçons, tenue par les Franciscains, et celle des filles, que dirigent les Sœurs du Bon-Pasteur. La première compte cent cinquante élèves et la seconde cent vingt. Dans l'une comme dans l'autre, on enseigne plusieurs langues, mais c'est le français qui a la prééminence. Toutes deux méritent d'être puissamment secondées, et à cause du zèle des maîtres et des maîtresses qui en sont chargés, et parce que je suis persuadé que l'extension de ces deux établissements n'est point indifférente au développement de notre influence dans un pays où elle a naturellement bien diminué depuis deux ans.

Le lendemain 1ᵉʳ juin, nous étions à Alexandrie, où nous relâchâmes pendant deux jours. Cette grande cité est à peu près telle que je l'avais vue en 1882, après les terribles calamités qu'elle venait de subir. Ses ruines, sans doute, ne sont plus fumantes, mais elles affligent toujours le regard. La place des Consuls, autrefois si belle avec les magnifiques constructions qui l'entouraient, continue à offrir un aspect des plus lamentables. Il en est de même de plusieurs rues. En effet, les habitants incendiés n'osent pas rétablir leurs mai-

sons, par défiance de l'avenir, ou ne le peuvent pas, parce
qu'ils n'ont point encore reçu les indemnités qu'on leur avait
promises. Au milieu de ce malaise général, nos Sœurs de la
Charité ne perdent point courage et leurs divers établissements ont repris leur vie et leur activité premières. Elles
s'efforcent de faire aimer la France et d'en relever, pour leur
part, le prestige à force de services rendus tant à l'enfance
qu'à la vieillesse, aux chrétiens comme aux musulmans eux-
mêmes. A l'hôpital, j'ai revu la vénérable Sœur Peyramond,
l'héroïne de 1882, qui pendant les horreurs du bombardement,
des massacres et des incendies, n'a jamais voulu abandonner ses
malades et ses orphelins, ni déserter le poste qu'elle occupait
si dignement comme supérieure depuis de si longues années.
Simple et modeste, elle croit n'avoir fait alors que son devoir
et elle serait heureuse de se sacrifier pour la France, si elle
pouvait par sa mort lui rendre la prépondérance dont elle
jouissait auparavant en Egypte.

Les Lazaristes, dont le bel établissement avait été livré aux
flammes, commencent déjà à reconstruire leur chapelle
anéantie. Les Pères Jésuites, de leur côté, ont ouvert un collège
qui ne compte maintenant qu'une cinquantaine d'élèves, mais
qui en aura bien davantage lorsqu'ils auront agrandi leurs
bâtiments. Quant aux Frères des écoles chrétiennes, comme leur
vaste établissement, contigu au couvent des RR.PP. Franciscains, avait peu souffert pendant la guerre, ils ont, à peine de
retour à Alexandrie, vu accourir dans leur maison restée debout
tous leurs anciens élèves et de nouveaux encore. Aujourd'hui,
neuf cent cinquante enfants reçoivent les leçons de quarante-
six Frères, dont plusieurs ont vieilli dans l'enseignement et
que dirige un supérieur extrêmement capable, le Frère David-
Léon, qui jouit avec raison d'une grande autorité dans la ville.

A Ramleh, beau village situé aux portes d'Alexandrie et où
cet excellent Frère a eu la bonté de me conduire lui-même,
j'ai visité un autre établissement tenu également par des
membres de sa congrégation et qui renferme à la fois, dans deux
bâtiments distincts, une école et un noviciat. L'école compte une

centaine de pensionnaires et de demi-pensionnaires, et le noviciat une vingtaine de jeunes gens qui se préparent par l'étude et sous une discipline austère aux pénibles, mais très importantes fonctions qui les attendent un jour.

Non loin de cet établissement, est celui des Dames de Sion. Il occupe au milieu de magnifiques jardins une position très salubre et contient cent vingt jeunes filles, pensionnaires ou demi-pensionnaires, qui y reçoivent une instruction et une éducation des plus soignées, sous une vingtaine de religieuses dont la supérieure est une femme d'un grand mérite.

Tel est, Monsieur le ministre, un faible et rapide aperçu de la plupart des écoles primaires et secondaires que j'ai visitées sur ma route, soit en me rendant à Jérusalem, dont l'étude était le but principal de ma mission, soit en en revenant. Tous ces renseignements sont, sans doute, bien incomplets; néanmoins, je les livre à la haute et impartiale appréciation de Votre Excellence. Membre moi-même de l'Université depuis quarante-quatre ans et ayant à plusieurs reprises parcouru l'Orient, j'ai cru qu'il était de mon devoir de vous signaler les services qu'y rendent nos congrégations religieuses. Ces services, en effet, à Constantinople, à Smyrne, en Syrie, en Palestine et en Egypte, aident si puissamment notre politique traditionnelle, que les taire serait une souveraine injustice; ce serait, en outre, faire acte de mauvais Français, puisque l'intérêt de notre influence doit nous engager tous à les mettre en lumière, pour que la France, en les patronnant encore davantage, travaille ainsi au succès de sa propre cause, qui est celle même de la civilisation et du progrès.

J'ai l'honneur d'être, Monsieur le ministre, avec le plus profond respect, le très humble serviteur de Votre Excellence.

V. GUÉRIN,

agrégé et docteur ès lettres.

7505 — PARIS. IMPRIMERIE F. LEVÉ, RUE CASSETTE, 17.